Inhalt

Branchenreport TOURISMUS Ausgabe 2/2011

GENIOS BranchenWissen Nr. 11 vom 22.11.2011

Branchenreport TOURISMUS Ausgabe 2/2011

I.Zeilhofer-Ficker

Kernthesen

- 2011 wird ein Rekordjahr für alle touristischen Geschäftsbereiche.
- Der Luftverkehr profitierte vom boomenden Geschäftsreiseverkehr, aber auch von einer größeren Anzahl Urlaubern, die vom Auto auf das Flugzeug umgestiegen sind.
- Das Veranstaltergeschäft und die Umsätze in Reisebüros machten mit hohen Zuwächsen im Vergleich zum Vorjahr gute Laune.
- Das Reiseziel Deutschland hat vor allem mehr Gäste aus dem Ausland angezogen - der Inlandstourismus schwächelte teilweise

wegen des schlechten Sommerwetters.

- Vorausbuchungen für die touristische Wintersaison sind gut, für Geschäftsreisen aber unter den Erwartungen. Für das Reisejahr 2012 sind die Prognosen deshalb nur vorsichtig optimistisch.

Beitrag

Das Reisejahr 2011

Alle Anzeichen deuteten zu Jahresanfang auf ein touristisches Rekordjahr 2011 hin. Doch schon Mitte Januar musste der tunesische Staatspräsident nach heftigen Unruhen das Land verlassen, im Februar trat Mubarak in Ägypten zurück. Politische Demonstrationen und Revolutionen breiteten sich wie ein Strohfeuer im gesamten nordafrikanischen Raum aus. So positiv und wünschenswert demokratische Reformen für Nordafrika auch sind, für den Tourismus in diese Länder waren die Revolten desaströs. Da eine Ausbreitung der bewaffneten Unruhen in die touristischen Reiseziele nicht auszuschließen war, mussten alle deutschen Gäste ausgeflogen werden. Erst langsam kommen nun die Touristen zurück. Über das Jahr gesehen muss Nordafrika mit rund einem Drittel weniger Gästen als im Vorjahr rechnen. Wie es in den für den Wintertourismus wichtigen Ländern weitergehen wird, hängt in hohem Maße von den Ergebnissen der Wahlen und deren politische Folgen ab. Bleibt die Lage ruhig und wächst der Einfluss demokratischer Kräfte, so könnten beide Länder schon bald wieder zu den Lieblingszielen der Urlauber gehören. Erlangen aber militärische oder islamistische Kräfte die Macht, so könnten die Touristen schon bald auf Dauer fern bleiben. (1), (2)

Die Atomkatastrophe im März in Fukushima/Japan hatte zwar nur geringen Einfluss auf das touristische Reiseprogramm, störte aber in hohem Maß den für Geschäftsreisende wichtigen Flugverkehr nach Japan. Auch hier normalisiert sich die Situation erst langsam.

Glaubt man den diversen Konsumforschen und Paneelen so ist das Geschäftsjahr 2011 trotzdem für Reiseveranstalter und Reisebüros gleichermaßen gut gelaufen. Um die zehn Prozent dürften die Umsatzzuwächse im Vergleich zum Vorjahr liegen. Vor allem die TUI sowie die mittelständischen Reiseveranstalter waren die Gewinner des Sommers 2011. Die Urlauber, die die nordafrikanischen Länder mieden, buchten stattdessen Spanien oder die Türkei. Oder erstaunlicherweise Griechenland. Alle Reiseveranstalter sind sich einig, dass Griechenland einer der Profiteure der Situation in Nordafrika war -

hohe einstellige bis sogar zweistellige Umsatzzuwächse zeugen davon. Und die vorsichtigeren Urlauber blieben einfach im eigenen Land. (1), (2), (3)

Grund zur Freude gibt es auch bei den Kreuzfahrern. Sie waren mit die größten Gewinner der Saison 2011 - wie schon in den Vorjahren. 1,2 Millionen Passagiere verlebten ihren Urlaub 2010 auf dem Hochseeschiff, um weitere 10 bis 20 Prozent höher soll die Passagierzahl 2011 liegen. Die Umsätze (2010: 2,57 Milliarden Euro) werden aber nicht in gleichem Maße zulegen. Die mittlerweile stark gewachsenen Kapazitäten drücken auf den Preis. Ein Ende ist nicht abzusehen - fast zwanzig neue Schiffe sind für die nächsten fünf Jahre geplant. Zusätzliche Bettenkapazität: 60 000. Und die wollen erst einmal verkauft werden. Hier stabile Preise zu halten dürfte schwer werden. (1), (6)

Und auch der Geschäftsreisemarkt ließ nicht zu wünschen übrig. Fast acht Prozent mehr Flugpassagiere (46,7 Millionen) wurden im ersten Halbjahr 2011 auf den 27 größten deutschen Flughäfen gezählt. Rund ein Drittel davon kommt traditionell aus dem Business-Sektor. Und da die Umsätze der Geschäftsreisebüros schon 2010 überdurchschnittlich zugelegt hatten auf 6,7 Milliarden Euro, bedeutet das auch für das laufende Jahr ein dickes Plus. Allerdings hat sich die Nachfrage im dritten Quartal leicht abgeschwächt und die Vorausbuchungen für das vierte Quartal und 2012 liegen unter den Erwartungen. Die Nervosität bezüglich wirtschaftlicher Unsicherheiten macht sich hier wohl schon bemerkbar. (4), (5)

Das deutsche Gastgewerbe ist mit der Saison 2011 bisher gleichfalls zufrieden. Insgesamt wurde im ersten Halbjahr ein Umsatzplus von rund vier Prozent nominal erzielt. Das Beherbergungsgewerbe profitierte etwas mehr als das Gaststättengewerbe und die Caterer. Vor allem die Übernachtungen aus dem Ausland nahmen überproportional zu (plus 10,3 Prozent). Die Übernachtungen von Inlandsgästen stiegen um 4,3 Prozent an. Der umfangreiche Sommerregen vermasselte hier so manchem Hotelier das Geschäft. Insgesamt zählte man zur Jahresmitte 20,2 Millionen Übernachtungen. Die speisengeprägte Gastronomie erreichte mit einem Plus von 4,2 Prozent fast die Zahlen aus der Beherbergung, etwas weniger gut geht es nach wie vor der getränkegeprägten Gastronomie (plus 1,9 Prozent). Nach vielen Jahren der kontinuierlichen Umsatzverluste freuen sich die Gastronomen aber insgesamt über die positiven Trends von Ende 2010 und 2011. (35)

Obwohl der Tourismus im Jahr 2011 auf der ganzen Welt zugenommen hat, wird Deutschland weiter Reiseweltmeister bleiben. Die Reiseausgaben im

Ausland von 2010 in Höhe von 59,4 Milliarden Euro werden 2011 um mindestens drei Prozent übertroffen werden. Die Commerzbank-Analysten rechnen gar mit einem Rekordwert von 61,3 Milliarden Euro im laufenden Jahr. Die Reiseeinnahmen dürften mit 27 Milliarden Euro noch geringfügig unter dem Spitzenwert von 2008 bleiben. (8), (9), [Abb. 1]

Incoming und Gastgewerbe

Das Gastgewerbe zeigte sich mit der Entwicklung im laufenden Jahr zufrieden. Von Januar bis August 2011 konnten die Ankünfte in Beherbergungsbetrieben um 5,4 Prozent auf über 98 Millionen gesteigert werden. Die Übernachtungszahl erhöhte sich auf 268,8 Millionen (plus 3,4 Prozent) zum Vorjahreszeitraum. Ausländische Reisende erwiesen sich hierbei allerdings als die verlässlicheren Gäste: mit 19,1 Millionen Ankünften und 43,5 Millionen Übernachtungen erreichte der Incoming-Anteil ein Plus von 6,4 bzw. 6,2 Prozent. Selbst wenn sich der Trend zum restlichen Jahr verlangsamt, sollten die Letztjahreszahlen von 140 Millionen Ankünften und 380,3 Millionen Übernachtungen problemlos übertroffen werden. (35), (4)

Wachstumstreiber sind auch in diesem Jahr wieder die Großstädte, allen voran Berlin, das seine

Attraktivität sowohl für Inländer als auch Ausländer weiter steigern konnte. Städtereisen wachsen klar in der Beliebtheit der Urlauber und rund ein Drittel aller Kurzurlaubsreisen werden bereits in Städten verbracht. (10)

Weiterer Ertragsbringer im Incoming sind die Geschäftsreisen, die fast ein Drittel aller Reisen von Europäern nach Deutschland ausmachen. Im Messe- und Kongressgeschäft nimmt die Destination Deutschland den zweiten Platz weltweit, in Europa den Spitzenplatz ein. Die Veranstaltungsbranche erzielte so im Jahr 2010 Umsätze von 66,7 Milliarden Euro. Fast drei Viertel aller Geschäftsreisen des Jahres 2010 fanden im Inland statt und führten zu fast 40 Millionen Übernachtungen. Die Geschäftsreisenden bevorzugten dabei vor allem die mittleren bis hochwertigen Beherbergungsbetriebe. (11), (12)

Positiv entwickelten sich die Zimmerpreise der deutschen Kettenhotels im Sommer 2011. Außer in der gehobenen Hotellerie konnten in allen Kategorien Preiserhöhungen durchgesetzt werden. Da sich die Auslastung auch erhöhte, verbesserte sich auch der RevPar (Erlös pro verfügbares Zimmer) in allen Preiskategorien. (14)

Mit einer nominalen Umsatzsteigerung von vier Prozent konnten die deutschen Gastronomen erstmals seit der Wiedervereinigung ein Plus vermelden. Vor allem die speisengeprägte

Gastronomie freute sich über gute Ergebnisse. Deshalb wird hier auch fleißig investiert. Mehr als 80 Prozent der Wirte gaben im Juli an, im nächsten halben Jahr in den Betrieb investieren zu wollen. (13), (35)

2010 wurde ein Jahres-Branchenumsatz von 57,4 Milliarden Euro erreicht, der im laufenden Jahr voraussichtlich übertroffen wird. Die positive Entwicklung des laufenden Jahres schlug sich auch bei den Beschäftigtenzahlen nieder. Insgesamt waren 2011 inklusive tätiger Inhaber und Familienangehöriger 1,34 Millionen Menschen im Gastgewerbe beschäftigt. Die Auszubildendenzahlen sanken dagegen weiter auf nur noch 86 900 (von 96 000 im Jahr 2010). Das heißt, dass der Branche immer weniger gelernte Fachkräfte zur Verfügung stehen. (35)

Wie die Deutschen reisen

Urlaubsreisen

Die deutschen bleiben ein reiselustiges Volk. Momentan deutet alles darauf hin, dass die Reiseausgaben im Ausland 2011 alle Rekorde brechen werden. Denn selten war die Arbeitsmarktlage so gut, die Auftragsbücher so voll. Und die früheren Baby-

Boomer werden langsam zu konsumfreudigen und finanzstarken Rentnern, für die das Reisen zum Alltag gehört. Auch die Inlandsziele profitieren stark von den aktiven Senioren. [Abb. 1]

49 Millionen Reisende waren laut Forschungsgemeinschaft Urlaub und Reisen (FUR) im Jahr 2010 unterwegs. Das heißt für 75,7 Prozent der Bevölkerung gehört die jährliche Urlaubsreise unbedingt dazu. 2011 werden sich diese Werte wohl noch verbessern. Zu der traditionellen Drittelung der Urlauber zwischen Inland, Mittelmeerziele und andere Ziele dürften sich 2011 nur marginale Änderungen ergeben. Nordafrika hat im laufenden Jahr hohe Einbußen hinnehmen müssen und kämpft nun mit umfangreichen Werbemaßnahmen um die Urlauber der Wintersaison. Fernreiseziele blieben gefragt, vor allem die Inseln im Indischen Ozean, die Karibik, das südliche Afrika und Thailand liefen sehr gut. Auf die guten Kreuzfahrtzahlen wurde oben bereits hingewiesen. (1), (37)

Immer wichtiger werden die Kurzurlaubsreisen mit einer Dauer von zwei bis vier Tagen. 86 Millionen Kurzurlaubsreisen wurden 2010 unternommen, meist als ergänzende Zweit- oder Dritt-Reise zur langen Urlaubsreise. 76 Prozent der Kurzurlaube wurden in Deutschland, vielfach in den Städten, verbracht. (37)

Enttäuscht wurde, wer für seinen Sommerurlaub 2011 auf ein Kurzfrist-Schnäppchen wartete. Alle Veranstalter und Fluggesellschaften hatten ihre Kapazitäten heruntergefahren, sodass Kurzfristbuchungen zwar möglich, aber nicht günstig waren. Und wählerisch durfte man auch nicht mehr sein. Mithilfe des mittlerweile in der Branche üblichen dynamischen Paketierens wurden aber auch noch die letzten Flugplätze in oft abenteuerlichen Umsteigeverbindungen verkauft. Glücklicher waren die Frühbucher, die von den Veranstaltern mit kräftigen Nachlässen belohnt werden. (7)

Tatsache ist, dass nach wie vor das meiste Urlaubsgeschäft zwischen Reisenden und Leistungsträger direkt abgewickelt wird. Bezüglich des Zimmers ruft man beim Hotel direkt an, die Zugfahrkarte zieht man am Automaten. Das Internet wird hierbei immer wichtiger als Buchungskanal. Von den Online-Nutzern gibt mittlerweile die Hälfte an, das Web als Informationsquelle für Reiseplanungen zu nutzen, 29 Prozent buchen auch darüber. 36 Prozent haben bereits eine Unterkunft reserviert, 25 Prozent ein Flugticket. Bei den Pauschalreisen sind die Onliner noch wesentlich verhaltener - nur fünf Prozent der Pauschalreisebuchungen werden über das Web getätigt. Die qualifizierte Beratung und Betreuung im Reisebüro ist den Gästen immer noch wichtig, vor allem wenn es um höherpreisige

Urlaubsreisen geht. Laut DRV wird immer noch rund die Hälfte aller Reisen im Reisebüro gebucht. Die Kompetenz dieses Buchungskanals zeigte sich wiederum sehr eindrucksvoll während der Nordafrika-Krise, als sich Tausende von Reisekaufleuten darum kümmerten, ihre Gäste schnell, sicher und unkompliziert nach Hause oder in ein anderes Urlaubsland zu bringen. (15), (36)

Geschäftsreisen

Im Jahr 2010 war die Zahl der Geschäftsreisen um 6,7 Prozent auf knapp 155 Millionen angestiegen. Die gute wirtschaftliche Lage sowie volle Auftragsbücher erlaubten es den Unternehmen, die Geschäftskontakte zunehmend auch wieder von Angesicht zu Angesicht zu pflegen. Die Geschäftsreisekosten erhöhten sich um 5,7 Prozent auf 43,5 Milliarden Euro. Die Ausgaben pro Geschäftsreisenden und Tag sanken aber auf 127 Euro. Das zeigt, dass die Unternehmen die Reisekosten im Griff haben, obwohl auf Langstrecken und in den Hotels zunehmend auch wieder die Premiumklassen genutzt werden dürfen. (12)

Der Anteil der Flugkosten an den Gesamtkosten verringerte sich um einen Prozentpunkt, der Aufwand für Bahntickets und Verpflegung blieb in etwa stabil.

Etwas höher fielen die Übernachtungskosten aus (plus zwei Prozent) und auch für Mietwägen wurde anteilig mehr ausgegeben. Signifikant reduziert werden konnte der Anteil an sonstigen Kosten auf nur noch 10,5 Prozent. Die meisten Geschäftsreisen wurden innerhalb Deutschlands unternommen (114 Millionen). Europareisen haben seit 2005 um 33 Prozent zugenommen, Interkontinental-Ziele wurden um drei Prozent häufiger besucht. (12), [Abb. 3]

Im ersten Halbjahr 2011 entwickelte sich der Geschäftsreisemarkt positiv. Seit September haben sich die Zuwächse vor allem im Flugsektor aber verlangsamt und Vorausbuchungen für den Winter sind verhalten. Man könnte annehmen, dass sich hier bereits die zunehmende Nervosität über die unstabile Wirtschaftslage wegen der Eurokrise bemerkbar macht. Trotzdem gehen neueste Erhebungen des VDR davon aus, dass die Zahl der Geschäftsreisen auch 2012 weiter ansteigen wird, wenn auch nicht in dem rasanten Tempo, das Anfang 2011 vorgelegt wurde. Vor allem aufstrebende Länder wie China, Indien, Brasilien und Russland bleiben gefragte Geschäftsreiseziele. Trotzdem bleibt die Kostenkontrolle bei Reisekosten im Focus der Verantwortlichen. (16), (17)

Veranstaltermarkt/Reisebüros

Das Touristikjahr endet branchenüblich zum 31. Oktober. Darf man ersten Auswertungen glauben, so konnten die Reisebüros etwa 12 bis 14 Prozent höhere Umsätze erzielen als im vergangenen Jahr (2010: 21,3 Milliarden Euro). Umgerechnet wären das dann etwa 22,5 bis 23,2 Milliarden Euro, die über den stationären Vertrieb abgesetzt wurden. Diese Prognose bestätigt die positiven Anzeichen, die im Laufe des Jahres von den Reiseagenturen gemeldet wurden. Das gute Konsumklima in Deutschland, niedrige Arbeitslosenzahlen und die gute Auftragslage in den Unternehmen animierten die Deutschen zur Reisebuchung. Zudem haben die Reisewilligen sehr wohl registriert, dass es in Krisensituationen wie im Frühjahr in Nordafrika Gold wert ist, wenn zuhause im Reisebüro jemand sitzt, der dafür sorgt, dass man schnell, sicher und komfortabel nach Hause kommt. Oder der Alternativen vorschlagen kann, wenn die geplante Reise abgesagt wurde. Für das Renommee der Reisebüros war die Nordafrika-Krise fast schon ein Glücksfall, der sich in vermehrten Buchungen niederschlug. (1), (7)

Für die Reiseveranstalter gilt diese Feststellung in ähnlicher Weise. Die Rückflugaktionen, die Umbuchungen und die Buchungsrückgänge für Ägypten und Tunesien verursachten für die Veranstalter zunächst Kosten. Doch die meisten Reisewilligen sagten ihren Urlaub nicht ab, sondern buchten um. Die Nachfrage im Winter für Kanarenreisen war zeitweise so hoch, dass

Zusatzflüge gechartert werden mussten, um alle Erholungssuchenden in die Sonne zu bringen. In der Sommersaison waren dann die Türkei, Griechenland und Mallorca die Ersatzziele. Noch nicht alle Veranstalter haben endgültige Zahlen veröffentlicht, ein Umsatzplus von um die acht Prozent scheint aber realistisch. Erfreulich ist zudem die gute Buchungslage für die Wintersaison 2011/2012, die auf ein weiteres, positives Jahr hindeutet. (1), (18)

Dabei haben nicht alle Veranstalter gleichermaßen Kunden gewinnen können. Verlierer des Jahres war 2011 der Branchen-Dritte Thomas Cook/Neckermann. Nur fünf Prozent konnte der Umsatz in der Sommersaison gesteigert werden. Im Vergleich zum britischen Markt sind die deutschen Zahlen aber mehr als solide. Rechnet man die Thomas Cook Zahlen für Europa zusammen so erreichte der Konzern im Geschäftsjahr 2010 einen Umsatz von 10,2 Milliarden, einen operativen Gewinn vor Steuern und Sonderposten von 415 Millionen Euro. Diesen Gewinn wird man im laufenden Jahr vor allem wegen der Kosten der Nordafrika-Krise von 53 Millionen Euro nicht erreichen. Der langjährige Chef des Konzerns, Manny Fontenla-Novoa, ist deshalb vorzeitig zurückgetreten. Ein neuer Chef wird nun gesucht. (19), [Abb. 2]

Branchenführer TUI hat dagegen eher mit seiner Beteiligung an der Hapag-Lloyd-Reederei zu kämpfen

- das Reisegeschäft lief sehr gut. Die deutsche Region ist im Konzern mit 4,5 Milliarden Euro Umsatz im Jahr die größte Vertriebseinheit. Um acht Prozent sind die Erlöse dieses Bereichs im laufenden Jahr gestiegen, für 2012 erwartet man nochmals fünf Prozent mehr. Trotzdem hat der Konzern im Herbst ein Sparprogramm gestartet, um die Umsatzrendite von 2,1 Prozent näher an das erklärte Drei-Prozent-Ziel heranzubringen. Insgesamt 550 Stellen sollen in Deutschland eingespart werden, sozialverträglich, wie der Konzern betont. Zudem will man durch neue Technik den Verkaufsanteil im Internet von sechs auf 20 Prozent erhöhen. Bei den Produkten setzt man verstärkt auf Eigenmarken und hochwertige Reisen. Die günstigen, einfachen Pauschalreisen will man vordringlich über die Marken 1-2-Fly und Discount Travel absetzen. (20), [Abb. 2]

Branchen-Zweiter, die REWE-Touristik blieb insgesamt ebenfalls unter den Erwartungen. Die Pauschalveranstalter erzielten mit einer Umsatzsteigerung um 2,5 Prozent einen deutlichen Ergebnissprung, wie die Geschäftsführung verlauten ließ. Besser schlossen die Bausteinmarken der REWE (Dertour, Meiers und ADAC) mit einem Umsatzplus von 8,7 Prozent ab. Auch REWE versucht mit mehr Engagement im Deluxe-Segment zusätzliche Marktanteile zu gewinnen und plant für 2012 eine Steigerung um fünf Prozent. Ansonsten: nicht viel

Neues aus Köln und Frankfurt. (18), (21), [Abb. 2]

Am heißesten ging es im Kampf um Platz vier zu. Alltours verlor das Rennen knapp mit einer Erlössteigerung um 12,4 Prozent auf 1,3 Milliarden Euro und musste sich erstmals mit Rang fünf zufrieden geben. Als Sieger ging der Münchner FTI-Konzern hervor, der es mit über 20 Prozent mehr Umsatz auf 1,32 Milliarden Euro brachte. Ab November wird nun die Schwesterfirma Big-XTra in den Konzern eingegliedert, woraus sich sogar ein Ergebnis von 1,47 Milliarden Euro ergeben hätte. Da auch Schauinsland-Reisen (7. Position der deutschen Veranstalter) mit 12 Prozent kräftig auf 556 Millionen Euro zulegte, darf man 2011 wohl das Jahr der Mittelständler nennen. Auskömmliche Provisionen, eine verlässliche Qualität, Flexibilität und Service diese Veranstalter zu den Lieblingen der Reisebüros. (21), (22), (23)

Generell verstehen sich Handelsherren wieder besser mit ihren Handelsvertretern. Das Disagio für Kreditkartenzahlungen wird nun direkt den Kunden belastet, der Malus wurde abgeschafft, Provisionsstaffeln scheinen nunmehr erreichbar. Größtes Ärgernis der Branche sind diverse Anbieter (z. B. Banken), die Pauschalreisen mit hohen Rückvergütungen anbieten. Beratung gibt es bei diesen Reiseverkäufern keine - hier wird teilweise sehr unverschämt verlangt, der Kunde solle sich doch im

Reisebüro beraten lassen und zum Buchen zurückkommen. Leider tun das auch viele Kunden, wenn sie mit mehreren Prozenten Rabatt gelockt werden. Es ist nun an den Veranstaltern, diese Praktiken notfalls mit Vertragskündigungen zu unterbinden. (24)

Der Luftverkehr

Auch die Luftfahrt wurde 2011 kräftig gebeutelt. Fast leere Flugzeuge nach Japan und Nordafrika, eine Luftverkehrssteuer für aus Deutschland abfliegende Passagiere, Demonstrationen und drohende Streiks begleiteten sie im Jahreslauf. Trotzdem hatten die Airlines weltweit im ersten Halbjahr einen richtigen Lauf. Nun reagiert man, da sich die Buchungen etwas verlangsamen, mit großer Nervosität. Trotzdem erwartet die IATA weltweit 2,83 Milliarden Fluggäste für das laufende Jahr, 40 Millionen mehr als ursprünglich prognostiziert. Insgesamt sollen sie den Fluggesellschaften einen Branchengewinn von 6,9 Mrd. Dollar bescheren. Im Vorjahr wurden noch 15,8 Milliarden Dollar erwirtschaftet. (25)

In Deutschland verlief die Saison ähnlich gut. 46,7 Millionen Passagiere wurden im ersten Halbjahr gezählt. Vor allem die Europa-Flüge legten zu (plus 11,8 Prozent). Und selbst auf Flügen innerhalb Deutschlands waren um 4,6 Prozent mehr Fluggäste unterwegs - trotz der Luftverkehrssteuer, die ja innerdeutsche Passagiere doppelt trifft. Trotzdem beklagen vor allem die Billigfluggesellschaften die Steuer und machen sie für sinkende Umsätze verantwortlich. Tatsächlich ist das Verkehrsaufkommen der Low-Cost-Airlines in Deutschland im ersten Halbjahr 2011 um 0,8 Prozent gesunken. Da es aber tatsächlich Low-Coster gibt (z. B. Easyjet), die ihre Gästezahlen stetig ausbauen, muss man sich fragen, ob nicht eher die Geschäftsmodelle denn die Steuer Grund für sinkendes Passagieraufkommen sind. (4), (26)

Auf weiterem Konsolidierungskurs ist die Lufthansa unterwegs. In den ersten drei Quartalen 2011 ergab sich aus dem Umsatzplus von 9,6 Prozent eine Steigerung auf 22,1 Milliarden Euro. Aufgrund der kritischen Kostensituation verringerte sich allerdings der operative Lufthansagewinn um 34 Millionen auf 578 Millionen Euro. Besonders profitabel flog die Swiss, die einen Gewinn von 244 Millionen Euro beitrug. Das Konzernergebnis lag bei 288 Millionen Euro. Die Prognose für das Jahr 2011 wurde dahingehend korrigiert, dass der Vorjahresgewinn von 876 Mio. Euro nicht mehr erreicht werden kann. Schwer drücken die immer noch defizitären Töchter BMI, Austrian und Germanwings auf das Ergebnis Für BMI scheint nun allerdings eine Lösung gefunden - British Airways soll die Gesellschaft im nächsten

Jahr übernehmen. Die Austrian befindet sich weiter auf Spar- und Konsolidierungskurs und soll ab 2012 endlich profitabel sein. Bei Germanwings will man durch noch engere Einbindung in das Lufthansa-Geschäft endlich die Gewinnschwelle erreichen. (25), (27)

Der Blick auf Air Berlin, Deutschlands zweitgrößte Fluggesellschaft, ist weit weniger erfreulich. 221 Millionen Euro Verlust flog die Air Berlin im ersten Halbjahr ein, im dritten Quartal wurde ein magerer operativer Gewinn von 96,8 Millionen Euro - über 40 Prozent weniger als im Vorjahr - erreicht. Der neue Konzernchef Hartmut Mehdorn hat deshalb ein straffes Sparprogramm angekündigt. Trotzdem übernahm Air Berlin die restlichen Flyniki-Anteile von Niki Lauda im November. Aber der Minigewinn von Flyniki allein wird nicht ausreichen, die Air Berlin aus der Verlustzone zu fliegen. Ob der Einstieg in die Oneworld-Allianz, der für 2012 geplant ist, endlich die Wende bringt, bleibt abzuwarten. (28)

Auch für die anderen Lufthansa-Konkurrenten ist die Situation alles andere als rosig. Air France/KLM gaben im November eine Gewinnwarnung heraus - sowohl für das 3. Quartal sowie für das Jahr 2011 wird ein geringer Verlust als Geschäftsergebnis erwartet. British Airways/Iberia melden zwar noch ein positives operatives Ergebnis (351 Millionen Euro), das aber mit minus 33 Prozent deutlich unter dem Vorjahresergebnis blieb. Die hohen Kerosinpreise im laufenden Jahr machen sich negativ bei allen Fluggesellschaften bemerkbar.

Der Flughafenausbau in Deutschland macht traditionell Schlagzeilen. Kein Flughafenprojekt, das nicht von Demonstrationen, Prozessen und Wirbel begleitet würde. Für Frankfurt war es deshalb ein Grund zum Feiern, dass Ende Oktober endlich die vierte Start- und Landebahn in Betrieb gehen konnte. Langfristig soll dadurch eine Kapazitätserhöhung um 50 Prozent erreicht werden können. Erst einmal gab es aber Ärger um die Bahn - denn mit ihrer Inbetriebnahme wurde gleichzeitig ein striktes Nachtflugverbot für den gesamten Flughafen gerichtlich verordnet. Eigentlich waren 17 Nachflüge - vor allem im Frachtverkehr - vorgesehen. Das endgültige Gerichtsurteil in der Angelegenheit wird für das Frühjahr 2012 erwartet. Auch mit nur drei Startbahnen konnte Frankfurt sein Passagieraufkommen von Januar bis September 2011 um 6,7 Prozent auf 42,8 Millionen steigern. Die Zahl der Starts und Landungen vergrößerte sich um 4,9 Prozent. (29)

In München wurde das Planfeststellungsverfahren für die dritte Startbahn eröffnet. Auch hier heißt das noch lange nicht, dass mit dem Bau begonnen werden könnte. Vor allem die betroffenen Anwohner sowie Umweltschützer klagen gegen das Projekt. Da die vor der Wirtschaftskrise abgefertigten Passagierzahlen trotz des zehnprozentigen Zuwachses in den ersten drei Quartalen 2011 auf 28,6 Millionen Passagiere immer noch nicht wieder erreicht sind, zweifelt man an der Notwendigkeit der zusätzlichen Bahn. (30)

Der Großflughafen Berlin-Brandenburg-International dagegen steht kurz vor der Vollendung. Mit etwa einem halben Jahr Verspätung soll der Neubau im Juni 2012 in Betrieb gehen. Erst einmal können dort bis zu 27 Millionen Passagiere pro Jahr abgefertigt werden. Von Januar bis September lag das Passagieraufkommen der Berliner Flughäfen bereits bei etwa 18 Millionen. Die Kapazitätsgrenze könnte also schnell erreicht sein. Vor allem, da sowohl Lufthansa als auch Air Berlin beabsichtigen, ihr Engagement am Berliner Flughafen mit der Neueröffnung kräftig auszubauen. (31)

Tourismus in Europa und der Welt

Der Welttourismus hat im Jahr 2010 wieder an Boden gewonnen. 935 Millionen Ankünfte - 6,7 Prozent mehr als im Krisenjahr 2009 - hat man weltweit gezählt. Vor allem die aufstrebenden Länder in Asien, Südamerika, der Golfregion und in Afrika haben ein hohes Wachstum der Reisetätigkeit festgestellt.

Europa blieb mit einem Plus von drei Prozent eher bescheiden. Obwohl das Reisejahr 2011 im ersten Halbjahr sehr stark begann, überwiegen nun doch die Bedenken über die gesamtwirtschaftliche Lage. So hat der Welttourismusverband (WTTC) Anfang November seine Prognosen korrigiert. Es wird nun mit nur noch 3,2 Prozent mehr Ankünften in 2011 und 3,3 Prozent Steigerung in 2012 gerechnet. In Europa geht die European Travel Commission (ETC) trotz Krise für 2011 weiterhin von 5,6 Prozent mehr internationalen Ankünften aus. (32), (33)

Die UNWTO betonte in diesem Jahr anlässlich des Welttourismustages (27.9.) die Bedeutung des Tourismus als Friedensstifter. Durch Reisen entstehe ein ausgedehnter interkultureller und interreligiöser Dialog, der der Völkerverständigung dient. Zudem ist die Reiseindustrie von hoher wirtschaftlicher Bedeutung. Neun Prozent des Welt-Brutto-Sozial-Produktes wird durch touristische Leistungen erwirtschaftet. 260 Millionen Menschen finden im Tourismus eine Beschäftigung. Da in den Schwellenländern in Asien, Südamerika und Afrika große Teile der Bevölkerung gerade erst anfangen, das Reisen für sich zu entdecken, geht man davon aus, dass im Jahr 2020 schon 1,6 Milliarden Menschen grenzüberschreitend reisen werden. 69 Millionen zusätzliche Jobs sollen dadurch entstehen und Menschen in Brot und Arbeit bringen. (32), (33)

Trends

Wo geht sie hin, die Reise? Noch glaubt die Branche, dass auch das Jahr 2012 wieder mehr Reisen und damit mehr Umsatz bringen wird. Es wird zwar mit einer Verlangsamung des Wachstums kalkuliert, insgesamt ist der Trend aber positiv. Laut neuester Befragung des ADAC beabsichtigen sogar noch mehr Deutsche in 2012 eine Urlaubsreise zu unternehmen (72,8 Prozent) als das zum Vergleichszeitraum 2010 der Fall war (68 Prozent). Auch bei den Unternehmen soll die Reisetätigkeit im nächsten Jahr eher erhöht denn eingeschränkt werden. (17), (34)

Trotzdem ist die Branche vorsichtig geworden. Die Lufthansa hat ihren Kapazitätsausbau gedrosselt, Air Berlin streicht kräftig an seinem Streckennetz herum. Die Reiseveranstalter erwarten zwar ein Plus für 2012, aber ein eher moderates. So um die drei bis fünf Prozent sollen es werden. (27)

In unsicheren Zeiten wie dem kommenden Jahr bleibt für die Veranstalter die Technik wichtiges Thema. Fast jeder Reiseveranstalter hat mittlerweile die technischen Möglichkeiten zum dynamischen Paketieren. Das heißt, freie, auf dem Markt verfügbare Flugsitze und Hotelbetten werden zum Zeitpunkt der Anfrage zu einem Pauschalreisepaket zusammengefügt, das genau den Wünschen und

Vorstellungen des Kunden entspricht. Der Veranstalter, der diese Möglichkeiten nutzt, kann seine Garantie-Kontingente bei Fluggesellschaften und Hoteliers ohne großes Risiko gering halten. Das normale Kataloggeschäft mit festgelegten Preisen und Kontingenten wird damit immer mehr in den Hintergrund gedrängt. Nicht immer ist das für den Reisewilligen von Vorteil. In nachfragestarken Zeiten (Schulferien) können die Veranstalter und Fluggesellschaften hier leicht höhere Preise verlangen, als sie über den Katalogpreis erzielen würden. Zudem sind die Anzahlungssätze und Stornogebühren bei dynamischen Angeboten vielfach wesentlich höher als im Kataloggeschäft.

Viel wird 2012 davon abhängen, wie es mit der Schuldenkrise in Griechenland und Italien weiter geht. Auch ist die politische Situation in Tunesien und Ägypten alles andere als stabil. Die TUI machte kürzlich schon damit Schlagzeilen, dass sie von den griechischen Hoteliers eine Bestätigung forderte, dass Hotelleistungen in Drachmen bezahlt werden könnten, sollte Griechenland aus der Eurozone ausscheiden. Diese Forderung hat vor allem in Griechenland große Empörung hervorgerufen.

Noch lange nicht ausgestanden sind auch die Streitigkeiten um die Einbeziehung des Luftverkehrs in den europäischen Emissionshandel. Zum Januar 2012 sollen alle Airlines, die in Europa starten oder landen, für ihren CO2-Ausstoß Zertifikate vorweisen müssen. Ein Großteil dieser Rechte wurde den Gesellschaften kostenlos zugewiesen, der Rest muss gekauft bzw. ersteigert werden. Bis zu 12 Euro pro Strecke könnten sich Langstreckenflüge dadurch verteuern, abhängig vom eingesetzten Fluggerät und dessen Kerosinverbrauch. Im Gegenzug soll die Luftverkehrsabgabe ab 2012 gesenkt werden. Vor allem die amerikanischen Airlines aber auch China und Russland wehren sich gegen den Emissionshandel. Die internationalen Gerichte wurden angerufen und einzelne Länder drohen mit dem Entzug von Landerechten oder der Stornierung von Airbus-Aufträgen. In den USA wird den amerikanischen Airlines sogar per Gesetz die Teilnahme am Verschmutzungs-Rechte-Handel verboten. An das schlimmer werdende Klima scheint dabei keiner zu denken. (27)

Zahlen & Fakten

Abbildung 1: Reiseverkehrsbilanz 2003 - 2011

Jahr	**Ausgaben** **in Milliarden Euro**	**Einnahmen**

2011**	61,3	27,0
2010*	59,4	26,1
2009	57,7	24,8
2008	61,2	27,1
2007	60,6	26,3
2006	60,5	26,0
2005	58,2	23,3
2004	57,1	22,2
2003	57,2	20,4

* Schätzung auf Basis von Monatswerten bis Nov. 2010
**Commerzbank-Prognose

Quellen: Deutsche Bank, Commerzbank entnommen aus: DRV Fakten und Zahlen zum deutschen Reisemarkt 2010, (5) Stuttgarter Nachrichten vom 19.01.2011, S. 18, (8)

Abbildung 2: Top 7 Reiseveranstalter nach Umsatz

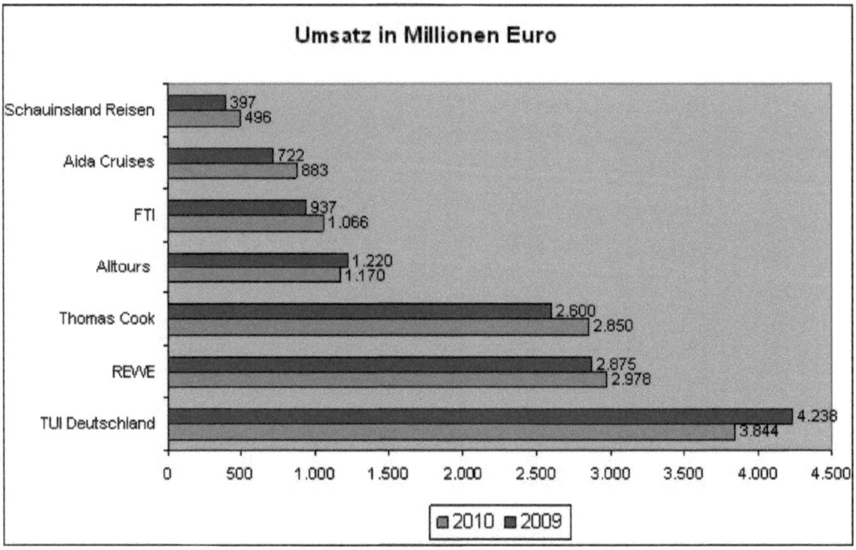

Quelle: Deutscher ReiseVerband, FVW Dossier Deutsche Veranstalter 2010, Deutsches Reisebüro (DER)-Marktforschung Entnommen aus: Fakten und Zahlen zum deutschen Reisemarkt 2010, Deutscher ReiseVerband (Hrsg.), S. 14, (5)

Abbildung 3: Gesamtkosten für Geschäftsreisen nach Kostenbereichen

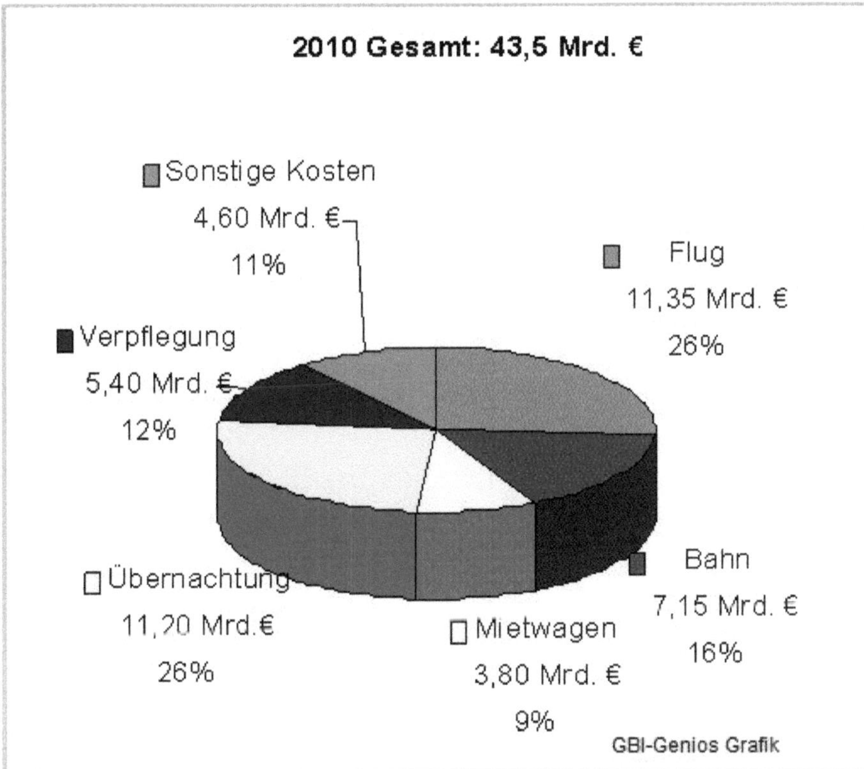

Quelle: VDR Entnommen aus: Verband Deutsches Reisemanagement (VDR) - Geschäftsreiseanalyse 2011, S. 7 (38)

Weiterführende Literatur

(1) Hat sich die Mühe gelohnt?
aus fvw Nr. 18 vom 08.09.2011 Seite 028

(2) Krisen haben ihren Preis

aus Süddeutsche Zeitung, 05.11.2011, Ausgabe München, Bayern, Deutschland, S. 30

(3) Urlauber lassen Griechenland nicht im Stich
aus APA-JOURNAL Touristik vom 18.10.2011

(4) Rund 3,4 Millionen mehr Flugpassagiere im 1. Halbjahr 2011
aus APA-JOURNAL Touristik vom 18.10.2011

(5) Fakten und Zahlen zum deutschen Reisemarkt 2010
aus APA-JOURNAL Touristik vom 18.10.2011

(6) Und ewig lockt das Schiff
aus fvw Nr. 20 SPEZIAL Fit for Cruises vom 07.10.2011 Seite b04

(7) Gute Halbzeitbilanz
aus fvw Nr. 16 vom 12.08.2011 Seite 042

(8) Tschechien und Türkei als Schnäppchen
aus Stuttgarter Nachrichten, 19.01.2011, S. 18

(9) Tourismus wächst und wächst
aus Allgemeine Hotel- und Gastronomie-Zeitung Nr. 04 vom 22.01.2011 Seite 002

(10) Städtereisen weiterhin auf Wachstumskurs
aus Omnibus Revue, Heft 08/2011, S. 44

(11) Tourismus hält Kurs
aus Allgemeine Hotel- und Gastronomie-Zeitung 43 vom 22.10.2011 Seite 013

(12) VDR Geschäftsreiseanalyse 2011
aus Allgemeine Hotel- und Gastronomie-Zeitung 43 vom 22.10.2011 Seite 013

(13) Gute Zahlen für Hoteliers
aus Allgemeine Hotel- und Gastronomie-Zeitung 40 vom 01.10.2011 Seite 009

(14) Kettenhotellerie hält Wachstumskurs
aus Allgemeine Hotel- und Gastronomie-Zeitung 41 vom 08.10.2011 Seite 012

(15) Der Vorteil der Weltreisenden
aus Frankfurter Allgemeine Zeitung, 17.03.2011, Nr. 64, S. 46

(16) Aufschwung im Business Travel wird 2012 anhalten
aus fvw Nr. 19 vom 22.09.2011 Seite 067

(17) Weiter nach vorn
aus fvw Nr. 14 vom 08.07.2011 Seite 048

(18) Rewe wappnet sich für jeden Wunsch
aus fvw Nr. 15 vom 28.07.2011 Seite 072

(19) Manny's Abschied
aus fvw Nr. 16 vom 12.08.2011 Seite 024

(20) TUI streicht 550 Arbeitsplätze in Deutschland
aus Frankfurter Allgemeine Zeitung, 30.09.2011, Nr. 228, S. 15

(21) Rewe Touristik beginnt die Aufholjagd

aus Frankfurter Allgemeine Zeitung, 05.11.2011, Nr. 258, S. 16

(22) Alltours hängt Rivalen ab
aus Darmstädter Echo, 12.10.2011

(23) Unter Beobachtung
aus fvw Nr. 22 vom 04.11.2011 Seite 030

(24) Reisebüros bangen um Existenz
aus Frankfurter Rundschau vom 12.04.2011, Seite 13

(25) Lufthansa verlässt die Party Gewinnwarnung - Eben boomte die Branche noch, und auch die weltweite Bilanz dieses Jahres kann sich sehen lassen, schätzt der globale Branchenverband. Die Lufthansa verbreitet dennoch schonmal Krisenstimmung - mit einer Gewinnwarnung.
aus FINANCIAL TIMES Deutschland

(26) Europas Billigflieger haben ihren Zenit überschritten
aus Börsen-Zeitung, 06.08.2011, Nummer 150, Seite 8

(27) Lufthansa bremst Expansion
aus DIE WELT, 28.10.2011, Nr. 252, S. 11

(28) Air Berlin kränkelt weiter
aus DVZ, Nr. 133 vom 05.11.2011

(29) Fraport auch im September mit deutlichem Zuwachs bei Passagieren / Neuer historischer Monats-Spitzenwert bei Fluggästen und

Höchststartgewichten - Fracht rückläufig auf hohem Niveau
aus ots news schweiz - Wirtschaft vom 13.10.2011

(30) Passagierrekord am Münchner Flughafen
aus Süddeutsche Zeitung, 08.10.2011, Ausgabe Bayern Region, S. 59

(31) Berlin-Getöse
aus fvw Nr. 12 vom 10.06.2011 Seite 016

(32) Urlaub mit einem reinen Gewissen
aus Frankfurter Allgemeine Zeitung, 06.09.2011, Nr. 207, S. 20

(33) WTTC downgrades global tourism growth estimates
aus Frankfurter Allgemeine Zeitung, 06.09.2011, Nr. 207, S. 20

(34) ADAC ermittelt Reisetrends 2012 / Die Reiselust wächst / Urlaub in der Heimat weiter im Trend
aus news aktuell, 2011-11-04

(35) http://www.dehoga-bundesverband.de/daten-fakten-trends/
aus news aktuell, 2011-11-04

(36) Studien Online Reisemarkt
aus news aktuell, 2011-11-04

(37) RA Reiseanalyse - FUR
aus news aktuell, 2011-11-04

(38) VDR-Geschäftsreiseanalyse
aus news aktuell, 2011-11-04

Impressum

Branchenreport TOURISMUS Ausgabe 2/2011

Bibliografische Information der deutschen Nationalbibliothek

Die Deutsche Nationalbibliothek verzeichnet diese Publikation in der deutschen Nationalbibliografie; detaillierte bibliografische Daten sind im Internet über http://dnb.d-nb.de abrufbar.

ISBN: 978-3-7379-1939-5

oder ähnliche Einrichtungen und die Einspeicherung und Verarbeitung in elektronischen Systemen.